JN440211

그리운 사람은
별처럼 산다

그리운 사람은
별처럼 산다

주일례 시집

문학의전당

시인의 말

세상에 길이란
세상에 있는 게 아니라
네게 있다는 것을

네가 변해야
오늘이 어제와 다르다는 것을

시 한 편 한 편 머리가 아닌
가슴으로 읽어줘서 고맙고
네가 사는 것도 그랬으면 좋겠다.

사랑한다. 딸아!

2015년 늦가을
주일례

제1부_미치도록 그리운 사람

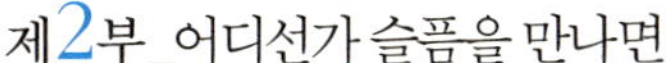

제2부_어디선가 슬픔을 만나면

제3부_괜찮아야 했습니다

제4부_그리움은 별처럼 산다

제1부

미치도록 그리운 사람

주사

당신 몸에다 길을 뚫었다.
잔인하고 무섭게 온몸에다 길을 뚫었다.
이 세상 왔다 간 흔적이라고
너무도 가혹하게 시퍼런 길을 뚫었다.
맨 정신으로 도저히 볼 수 없는 길을 뚫었다.

내게도 길이 생겼다.
너무도 아픈 길이 생겼다.

위로

비를 바라보는 그녀가 있습니다.

오직 비만 바라보며 밤을 보내는 그녀가 있습니다.

무슨 생각을 하는지 도무지 알 수 없는 그녀가 있습니다.

밤새 쏟아지는 빗방울처럼
내 가슴으로 쏟아지는 그녀가 있습니다.
불러도 대답이 없는
내가 듣지 못하는 그녀가 있습니다.

그녀는 가장 아름답고
따뜻한 손을 가진 사람

보고 싶어도

간절히 보고 싶어도

꿈에서도 볼 수 없는 사람

그녀가 이제 비처럼 쏟아지고 있습니다.

괜찮다고

비

비를 좋아하고
음악을 좋아하는 사람은
사랑을 이루지 못했거나
스스로 그대에게 꽃이 된 적이 없거나
사랑이 된 적이 없는 사람이다.
그렇지 않고서야 비가 오면
비보다 더 슬픈 눈물을 흘리며
창가에 쏟아지는 비를 가득 쓸어 담지 않을 것이다.

마치 이루지 못한 게
그 빗속에 있는 것처럼

후회

가슴이 미어지도록 보고 싶은 사람
잠을 잘 때도
밥을 먹을 때도
생각이 차오르는 사람이 있습니다.
햇살이 맑거나
바람이 사납거나
여행을 가거나
좋은 것을 먹거나
어디선가 전화벨이 올려도
당신 생각으로 어쩔 줄 모르지요.

옆에 있을 때는 몰랐습니다.
같은 하늘 아래 있을 때는 몰랐습니다.

땅에 발을 밟고 있을 때는 정말 몰랐습니다.
내일 전화할게라는 말
지금 바쁘다는 말
다음에, 다음이란 말이
강물처럼 흐르는 시간이란 것을
당신 가슴이란 것을 그때는 정말 몰랐습니다.

얼굴에 겹겹이 주름이 박힌 뒤로
술 한 잔에도 주름이 겹겹이 박힌 뒤로
허공에 떨어지는 서러운 노래가
그토록 보고 싶은 엄마라는 것을
그때는 정말 몰랐습니다.
까마득히 몰랐습니다.

후회란 것은 언제나

소중한 것을 읽고 오지요.

뼛속까지 아픈 것이 차고 넘치도록 옵니다.

너무 늦게 당신에게 가는 길

보고 싶고 그리운 사람이 있다는 건 행복한 일입니다.

허나 그 간절한 대상이 당신이라면 보고 싶고 그리운 것이

가슴을 후벼 파는 슬픈 거울이라는 거

어리석은 사람이 보는 거울이라는 거

소중한 것을 잃고 보는 거울이라는 거

어머니,

사랑하고도 표현하지 못한 것처럼 서러운 것은 없습니다.

알고도 하지 못한 사랑처럼 아픈 것은 없습니다.

손을 잡고도 소통하지 못한 것처럼 슬픈 것은 없

습니다.

목이 터져라 부르고도 대답 없는 당신처럼 아픈 눈물은 없습니다.

너무 늦게 당신에게 가는 길

사랑하는 당신에게

당신과 함께라면 저 창밖 바람소리가 무슨 상관이겠습니까.

저 바람은 그냥 잔잔한 바람이고 지나갈 바람이고
우리가 함께하면 반드시 이겨낼 바람이고 헤쳐나갈 바람입니다.
내가 무섭고 두려운 것은 바람이 아닙니다.
그것은 우리가 함께할 수 없다는 상상으로도
견딜 수 없는 슬픔으로 빠져든다는 것
그 생각만으로도 나는 당신을 보면 안아주고 싶고
격하게 얼굴 한번 만져보고 싶고
어린아이처럼 환하게 웃어주고 싶답니다.
그러니 우리 마주잡고 가는 인생 가끔 한 번씩
낯선 사람처럼 먼 곳을 보더라도 그냥 웃어주세요.

살다보면 한 번씩 그놈이 고개를 들지요.

운명처럼 다가오는 쓸쓸한 그림자

산

정상에서 바라보는 첩첩 산도 아름답고 경이롭지만
어머니 젖가슴처럼 솟아난 마을 뒷산도 경이롭고 아름답다
사람들도 마찬가지
어떤 사람은 첩첩 산처럼
보고만 있어도 신비로운 빛깔이고
또 어떤 사람은 함박눈처럼 깨끗한 빛깔로
커다란 세상이 담긴 것처럼 깊고 오묘한 느낌을 불러오지

산이라고 다 같은 산이 아니고
사람이라고 다 같은 사람도 아니고

부부라고 다 한곳만 바라보는 것도 아니고
사랑한다고 온전히 그 사람을 다 아는 것도 아니다

마치 우주에 점 하나만 보는 것처럼

사랑만 해도

작은 바람으로도
꽃잎이 운명처럼 떨어질 때
꽃이 지는 것만 보였지.
그 속살이 얼마나 아픈지 몰랐다.

위태로운 촛불처럼
삶이 시시때때로 흔들려
가슴팍에 울음 하나
제대로 새겨서야 보이는 것들

내가 모르던 세상
그냥 지나쳤던 세상

저 나뭇잎이

바람을 몸에 새기고도

저토록

아름다운 이유

산다는 것은

사랑만 해도

후회가 남는 거

별

그리움이 클수록 별이 더욱 빛나고
빛나는 별이 많을수록
노랗게 익어가는 거리마다 찍어놓았네
사랑하는 이여
잘 있는지 안부 묻지 않아도
내가 미치도록 남긴 흔적마다
별이 그대 있는 곳에서 빛나리
아름답게
쓸쓸히
눈물 나게 빛나리

인생

바위 틈새로 꽃이 피어도 괜찮습니다.
담장 틈새로 채송화가 자라도 괜찮습니다.
생명으로 자라는 건
아름다운 일이고 격한 거
전생에 고약한 빚으로 왔다는 생각

그래서 무겁습니다.

잡을 수 없는 사람

잡을 수 없는 사람은 잠자리라 생각하자.
들녘으로 자유롭게 훨훨 날아다니는 잠자리라 생각하자.
코스모스 위로 고요히 앉았다
저무는 가을 어디쯤에서 사라지는 잠자리라 생각하자.
무거운 겨울이 오면 따뜻한 것이 그립듯이
그대 웃음소리가 그리운 겨울 창가는 춥고 쓸쓸할 것이다.
허나 또다시 땅이 요동을 치며
봄이 오는 소리가 들리고 꽃이 피고
초록으로 물들어 가는 들녘으로
거짓말같이 사라졌던 잠자리가 올 것이다.

가슴 저리게 그리운 잠자리가 날아올 것이다.

길

돌아갈 수 없는 길이 세상에만 있으랴.
당장에라도 뛰어가 끌어안고 싶어도
그럴 수 없는 당신이 어디 세상에만 있으랴.
내 손을 잡는 그이 손등에도 있고
흐트러진 머리카락 사이에도 있고
뼛속에 스며드는 찬바람에도 있더라.
두 번은 갈 수 없는 길이
당신이 그 길에 있더라.
따뜻한 당신 얼굴도 그 길에 있더라.
아득한 무릎이 주는 세상도 그 길 어딘가에 있더라.

먼 우주처럼

어쩌면 꿈이었는지도

별이 뜨고 지는 창가에서
내 마음에 가시 하나
버리기도 하고 품기도 하고

하루에도 몇 번씩
지옥과 천당을 오고 갔지.

어느 순간 돌아보니
아픔도 미련도
동그란 얼굴까지
흔적도 없이 사라지고 없다.

어쩌면 꿈이었는지도

행복해서 더 그리운 사람

눈발도 억세게 쏟아지고
바람도 사납게 부는 날이었다.

아직도 고속도로인데
아직도 갈 길이 한참인데

아파트 입구에서
당신 발자국 위로
눈이 그새 쌓이는 것을 보고 계셨다.

먼 곳에서 오는 나를
눈이 오는 날 오는 나를

가을 하늘

그 어느 거울보다 맑은 거울을 가진 가을
얼굴만 비쳐도 마음이 읽히는 눈부시게 파란 거울
너는 그곳에만 살고 오지 않더라.
환장하게 애만 태우고도 끝끝내 오지 않더라.

바람이 스쳐가는 길목 어디쯤
두 발 딛고 선 땅 어디쯤에도 있었다.

네가 오지 않은 것처럼

바다

노을이 퍼져가는 바닷가
서러운 파도
먼 수평선에서 밀려오는 걸까
그보다 더 먼 수평선에서 밀려오는 걸까

무거운 것을 가득 담고
그리운 것을 가득 담고
아직 하늘에 박아놓을 수 없는 사람

당신이 오는 소리일까
먼 곳에서부터
더 먼 곳에서부터

어떻게 보낼 수 있을까
어떻게 잊을 수 있을까

파도는 부서지고
또 부서지고

바다는 아직도 할 말이 많은 것처럼

쌀독

풍성한 감나무도
그녀는 주름이 많다고
걱정을 하고

꽃비처럼 쏟아지는
저 꽃잎마저
너무 급하게 간다고 하지

아름다운 게
너무 많아
비우고 또 비워도

강가로 담기는

오묘한 달빛
가득 쓸어 담지 못해

사라진 길들이
슬픈 쌀독처럼 서 있다

그 방

얼굴이 한없이 창백하고
뼈만 앙상했던 그녀는 말을 할 수도 없고
고개를 돌릴 수도 없었다.

하루 종일 그 길고 긴 시간을
눈만 껌벅인 채로
소독약 배인 천정을 우두커니 보고 있었다.

주사 바늘이 지나간 길은
그녀의 침묵처럼 시퍼런 멍이고
너무도 아픈 길이었다.

슬프게도 가슴은

하루에도 몇 번씩 꿈틀거려

몇 번이나 애타게
몇 번이나 손을 잡고
몇 번이나 흔들어 깨우고

자식이 오고간 자리
슬픔이 깊게 누운 자리
죽었다 깨어나도 모를 그 자리

하늘이 말갛고 높은 날
당신은 지금도 여전히 그 방에 있다.

미치도록 그리운 사람

이름도 얼굴도 잊어버린 사람
바람처럼 가볍게 스쳐갔던 사람

이른 아침 소소한 인사로
즐거운 하루를 선물했던 사람

시뻘겋게 물들어버린 길을
노랗게 물들어버린 길을
상상도 하지 못한 길을 달려왔다.

그 사람의 애절한 사람이
그 사람의 가을이 그랬던 것처럼

그래도 강물은 바다로 간다

지리산에서 흘러오는 물이라고 했고
물은 흘러서 강으로 간다고 했고
강은 또 흘러서 바다로 간다고 했으나
어디에서 메마른 강바닥을 만나
스스로 흔적 없이 사라질지 아무도 모른다.

산다는 것은 예측불허
누구라도 한 번은
꿈이 휘어질 때가 있는 거

제2부
어디선가 슬픔을 만나면

얼굴

자판기 커피 한 잔을 사주며
누군가 내게 지지리도 못났다며
한 번쯤 얘기할 줄 알았으나
아무도 속살을 열어 보이지 않더라.

뒤집어 까보니
내 얼굴빛이 그렇더라.

그리움으로 서서 보면

추운 겨울에도 별들은 하나같이 따뜻하고
앙상한 바람에도 별들은 또 하나같이 따뜻하고
속살 훤히 드러난 시베리아 같은 겨울도
당신 그리움으로 서서 보면 따뜻하지 않은 게 없지요.

어머니, 내게는 겨울이 없습니다.
당신 생각하면 온통 따뜻한 봄이지요.

바다 2

비가 오는 날은 창문을 열고
빗방울 떨어지는 소리 쓸어 담는다
말갛고 투명한 소리
가늘게 굵게
이슬방울 같은 네 눈빛처럼
길게 이어지는 다리
나는 나대로
너는 너대로
바다로, 바다로

바다에는 바다가 있을까

꽃은 그냥 피지 않더라

꽃도 하루아침에 피지 않더라.
씨앗이 땅에 박히는 그 순간부터
비가 오거나 바람이 부나
기다림과 그리움으로
하루가 수없이 가고 오더라.

네 가슴이 네게 오는 순간부터
마냥 설레고 아름다운 꽃길만도 아니더라.
가끔은 강물에 잠기고도
안이 바짝 말라버린 자갈 같더라.

하루아침에 꽃은 피지 않더라.
비가 오거나 바람이 오는 것처럼

꽃이 피어나는 것도 그 길을 지나야 피더라.

너는 그냥 오지 않더라.
은하수 같다가도
쓸쓸한 그림자 하나도 오더라.

꽃은 그렇게 피더라.

그래도 보고 싶다고

보낼 수 없고 받을 수 없어도 괜찮다.
살면서 조금이라도 미웠거나
아프게 했던 사람이 있다면
이 가을에 노랗게 익어가는 은행나무처럼
아름다운 빛깔로 편지를 쓰고,
밤마다 쏟아지는 별을 보고 읽어주고 싶다.

가을에는

달빛이 오묘하게 쏟아지는 창가에서
잎사귀 익어가는 소리처럼
가을에는 시를 쓰고 싶다.

사랑이라 쓰고 창밖을 보고
또 사랑이라 쓰고 너인 양 달을 보고

어디선가 귀뚜라미 울고
가슴 저린 바람 한 줄 지나가고

네가 당장이라도 올 것처럼
소곤소곤 커피와 밀담하는 것처럼

잠자리

땅이 익어가는 계절
들녘이 익어가는 계절

첩첩 산 끼고
매미 소리
계곡물 소리

고요함 하나 서 있네.
외로움 하나 서 있네.

자유로운 영혼이여
너도 멈춰서는 곳이 있으리.

언젠가 끝나는

이 슬픔도 있는 것처럼

사랑은 가을처럼

너를 보면 가슴이 설레고
보고만 있어도 한없이 좋았던 날들은
온통 나무들이 이제 막 피어나는
새싹처럼 눈부시게 아름다운 빛깔이었다.

밤낮으로 너를 생각하고
밤낮으로 사랑이 순수했던 시절

언젠가 너를 사랑한다면
격하게 사랑한다면
시뻘겋게 물들어 가는 가을처럼
오직 네 안에서 불타는 가을처럼 사랑해야지.

그때마저 그리운 가을이다.

그곳에 가면

밭두렁 논두렁 아련히 물들어 가는
해 지는 시골길을 당신과 걸어보고 싶다.

바람이 지나는 소리
어둠이 먼 산에서 오는 소리
하루가 또 가는 소리
어디선가 개 짖는 소리
모든 것을 가득 끌어안고
한없이 착한 사람들이 사는 곳으로

그곳에 가면
내 그리운 하늘이 있을까.

연꽃

세상에서 제일 아름다운 낯빛이고
8월의 신부같이 가장 아름다운 웃음이고
갓난아이처럼 평화로운 얼굴이고
은하수처럼 고운 빛깔이고
이른 아침 말간 이슬처럼 깨끗하고
거울처럼 투명한 모습

오직 너만 보고 싶고
세상도 너처럼 살고 싶지

그런 너도 있더라.
세상이 모르는 상처
아픔이 시퍼렇게 깃든 심상 하나

어디선가 슬픔을 만나면

한 번은 만나겠지.
꿈에서라도 만나겠지.
만나면 얘기해 줘야지.
손을 잡고 얘기해 줘야지
당신 심장 소리 들으며 얘기해 줘야지.
내가 얼마나 그리워했는지
얼마나 사랑했는지
한평생 하지 못했던
그 무거운 고백을 하고
이제는 됐다고
가슴에 슬픔 하나 됐다고
당신 심장까지 베이게 울어야지.
시원하게 울어야지.

울어야지.

나는 아직도 이별 중이다

시장에서 당신처럼 걷는 사람을 보고
당신인 것 같아 급하게 팔을 잡고 멍하게 서 있었지.
나보다 더 당황하는 낯선 사람에게서
걱정하는 눈빛을 읽고도 한참이나 멍하게 서 있었지.
내 심장에서 아직도 인정하지 않은
저 슬픈 별이 우수수 떨어지는 소리를 듣고도 멍하게 서 있었지.
당신이 가고
첫가을이 익어가는 것처럼
가슴에 살고 있는 한 마디도
그 슬픈 한 마디도

가을이라고 익어가고 있어도
나는 아직도 당신에게
별처럼 달처럼 살라고 할 수는 없고
그리 살라고 할 수는 없고

함박눈이 와요

엄마 함박눈이 와요.
따뜻한 것이 풍경처럼 와요.

당신 싸리 빗자루처럼
그리움이 바쁘게 피고 있어요.

어쩌면 좋아요.
가득 쓸어 담아도

그리운 빛깔들

꿈인지도 몰라요

평생 당신은
사랑을 주고도 더 주지 못한 것을 미안하다고 했습니다.
얼마나 바보고 어리석은지
말을 해도 그저 미안하다고만 했지요.
그런 당신처럼 누군가를 사랑하고 또 사랑할 자신이 없고
오직 희생으로 이 세상 왔나 가지도 못할 것 같습니다.
당신은 그리 왔다 가셨기에
당신 없는 세상은 텅 빈 것 같습니다.

가끔은 전화벨을 누르지요.

나도 모르게 누릅니다.
멈칫하지요.
세상이 멈춘 것 같고
온통 하얀 슬픔
하늘에도 전화가 있을까요.
문자 보내면 받을까요.

어쩌면 꿈인지도 몰라요.
정말 꿈인지도 몰라요.
당신 없는 세상이 진짜로 꿈인지도 몰라요.
그렇지 않고서야 심장에
싱싱한 물고기처럼 팔짝팔짝 뛰는
당신 말간 웃음이

당신 말간 얼굴이

시시때때로 내게로 올 수 없습니다.

소중한 사람

당신이 멀리 있어도
언제나 그 자리에 있다는 사실

사는 것이 팍팍해도
오늘이 가면 내일이 온다는 사실

행복할 때보다
슬플 때 따뜻하게 오는 전화

하늘에 별처럼
늘 옆에 있어도 몰랐던 사실

그리움

시공과 거리만이 가슴 저리는
그리움을 시시때때로 불러오는 게 아니다
언제나 함께 같이 있어도
첩첩 산을 끼고 있는 것처럼
그리워 가슴이 애타는 때도 있고
같은 하늘을 바라보고 있어도
전혀 다른 곳을 바라보는
소통의 조각들이 제자리 찾지 못하고
우울하게 굴러다니는 거

꿈에서라도 사랑한다고 할 걸

아픈 창가 하나 끼고 산 뒤로
당신은 말도 세상도 잃었습니다.
오직 눈을 뜨면 천장을 보고
멍한 눈빛으로 있다가 또 스르르
빠져드는 어두운 잠 속
아무리 손을 잡아도
애타게 불러도 당신은 그 잠 속입니다.
이제 세월도 당신 창가에 쌓여
당신 모습이 습관처럼 아무렇지도 않을 때
건강한 모습 그대로
이름도 부르고 웃기도 하고
꿈인 줄 모르고 덥석 손을 잡고
기뻐서 한없이 울었습니다.

일어나 보니 가슴이 뛰고
눈물이 솟아져 발만 동동 구르며
사랑한다고 할 걸
엄마 사랑한다고 할 걸
꿈에서라도 사랑한다고 할 걸 그랬습니다.

인연 1

지구가 쉬지 않고 천천히 돌아간다면
내가 가장 외롭고 쓸쓸할 때
화창한 햇살 아래 고요히 피어 있는
그대 마음처럼 순수한 들꽃 앞에 멈춰주세요.
아주 짧은 인연이면 어떤가요.
잠깐 스쳐가는 인연이라면 또 어떤가요.
눈과 마음을 맞춰 보지 않아도
얻어지는 게 기쁨이라면
나도 바람에게 기쁨 하나 줄 수 있습니다.

인연 2

누구에게나 좋은 사람이고 싶고
누구에게나 좋은 인연으로 남고 싶습니다.
허나 살다보면 뜻하지 않게
슬픈 인연으로 남기도 하고
마음이 평생 무거운 인연도 있습니다.
우리가 어떤 인연으로 오고 가듯
그냥 오는 인연은 없습니다.

작은 꽃잎 하나도
겹겹의 시공을 지나
그대 그리움으로 핀다는 거

제3부

괜찮아야 했습니다

사랑합니다 1

얼굴에 나이가 스며들수록
마음이 따뜻한 사람이 그립습니다.

시를 쓸수록 복잡한 시어보다
가벼운 시어가 편한 신발처럼 좋고

그리운 것이 쌓일수록
살아 있는 영혼이 즐겁습니다.

인생을 즐기는 것이
당신을 제대로 사랑하는 거

사랑합니다.

벚꽃처럼

밤인데도
눈이 부시게 아름다운 벚꽃을
잠자리까지 모셔와
입에다 하얀 꽃잎 하나 달고 잤습니다.
그랬더니 거짓말같이
꿈결에도 벚꽃이 피었고
이른 아침 벚꽃 아래서
어젯밤 꿈처럼 사뿐사뿐 걸었지요.

4월은 이렇게 꽃으로
허공 가득 채우고
나는 또 그 허공으로 비우고 있습니다.

습하고 어두운 것들

사랑을 모르는 사람

아무리 둔한 당신이라도 아시겠지요.
수도 없이 당신 보던 눈길 속에 베인 내 마음을
아무리 둔한 당신이라도
세월이 무수히 흐른 지금은 알아야 했습니다.
그런데도 모르는 것처럼
아무것도 모르는 사람처럼
묘한 표정으로 네게 묻는다면
얼마나 가엾고 짠한 사람이던가요.

당신은 한 번도
누군가를 사랑해본 적이 없는 사람입니다.

괜찮아야 했습니다

어제는 괜찮다고 했습니다.
괜찮아야 했습니다.
오늘 또 괜찮다고 했습니다.
괜찮아야 했습니다.
괜찮지 않기에
괜찮다고 하고
밤에는 달빛에 기대 울었습니다.

당신 때문이 아닙니다.
나 때문도 아닙니다.
인생이 그리운 게 많아서도 아니고
사랑이 아파서도 아닙니다.

흐르는 눈물이
강물 같아서
막고 서는 일이
아픔 같아서
그냥 바라만 봐야 했습니다.

가느다란 꽃잎도
아련한 추억으로 남습니다.
하물며 사람인 우리가
만나고 헤어진 그림자 없다면
진정 가슴으로 사랑했다 할 수 없습니다.

그런 까닭입니다.

시시때때로

당신으로 흔들리고도

괜찮다고 했던 이유

그대를 지나고서야 알았지요

어느 사랑이 저토록 붉었다 떨어질까요.
강물에 잠겨가는 쓸쓸한 빛깔 따라서 걷습니다.

억새가 우는 소리 쓸어 담고
따뜻하고 다정한 그대 입술까지 쓸어 담고
그리움이 겹겹이 베인 그 거리를 걷는 것처럼 걷습니다.

가고 오지 않은 사람이
이미 사라지고 없는 사람이

이토록 아프고도 그리울 수 있다는 거
미치게 보고 싶다는 생각이 지날 수도 있다는 거

그대를 지나고서야 알았지요.

짝사랑

오직 그대 생각뿐이고
그대만 보인다고 해서
사랑을 고백할 수는 없습니다.

때로는 사랑해도
간절히 사랑해도
입 밖으로 꺼낼 수 없는 사랑도 있죠.

누군가 사랑할 때
소유하지 않아도
사랑이라는 게
충분히 아름다울 때가 있습니다.

달빛에 부서지는,

하루에도 몇 번씩 부서지는

아픈 마음이 있더라도 그렇습니다.

억새 1

누구나 해마다 지나는 언덕이고
그 언덕 위로 함박눈을 뿌려놓은 것처럼
아름다운 빛깔이 쳐다볼 수 없을 정도로 눈부시더라.

그대와 둘이서
백발이 일렁이는
언덕길에 앉아서 나눴지.

사랑이라는 게
그리움이라는 게
인생이란 게 익어갈 때도
우리가

지금 너를 보는 마음처럼

억새 2

나 어릴 때 수도 없이 그 강을 지나고도
그 강가로 익어가는 것들을 한 번도 제대로 보지 못했네.

시뻘겋게 익어가는 단풍보다
노랗게 익어가는 은행보다
더 깊고 오묘한 느낌이 스며드는
참으로 아름다운 빛깔이 물드는 그 강가

바람이 오고갈 때마다
햇살이 쏟아질 때마다
노을이 물들어 갈 때마다
영산강에 또 다른 강 하나를 보았지.

가난해서 벼만 보았던
내 어릴 때 그 강가에서 보았네.

억새 3

가버린 사람이다
오지 않을 사람이다

사랑은 끝난 거
아주 끝나버린 거

미련한 몸짓도
미련한 미련도

달밤에 흔들리는 억새처럼

하늘 없는 하늘

당신이 떠나고 없는 세상으로 첫 가을이 왔습니다.
당신이 없는 세상 어디서나
백발의 억새가 속삭이고
단풍은 또 시뻘겋게 속삭이고
은행나무가 노랗게 속삭이는 가을

밥을 아무리 많이 먹어도
배가 부르지 않고
하늘을 봐도
하늘 없는 하늘입니다.

가슴은 이 모든 상황이 꿈이었으면
그저 하룻밤 고약하게 꾼 꿈이었으면

낙엽

어디 너처럼 지고도 아름다운 삶이 있더냐.

생각 없는 가슴일 때는 내 발자국과 네 삶의 인연을 모르겠더라.

네가 수북이 쌓이고도 정말 모르겠더라.

나는 왜 바스락 소리만 들었는지
그 아름다운 빛깔만 보고 있었는지

두 귀와 두 눈이 있어도 모르겠더라.

내가 무수히 아프게 던졌던 말
당신에게 수없이 쌓이고도 모르겠더라.

사랑이 아름다운 이유

우리가 사랑하게 된다면

우리가 서로 사랑하게 된다면
간절히 사랑하게 된다면
자로 재지도 말고
쓸쓸한 강가에 나무 한 그루 심읍시다.

진눈깨비가 쏟아지고
바람이 사납게 불고
세상이 온통 얼더라도
우리 사랑은 얼지 않은 나무가 됩시다.

강물에 얼음이 녹고
나무마다 새싹이 돋고
꽃봉오리 여무는 봄에는

쓸쓸한 강가에 우리도 꽃처럼 피어납시다.

봄이 가고 여름이 오거든
뜨거운 태양 아래
우리 사랑도 자라게 합시다.
그리하여 다음 여름이 온다면
지나는 사람들을 불러 쉬게 하고
나비나 잠자리나 새들까지 불러 쉬어가게 합시다.

우리가 사랑을 하게 된다면
간절히 사랑하게 된다면

후회 2

습기와 곰팡이를 끼고 삼백육십오일 사는 지하
에서도
사람 냄새 배인 웃음이 꽃처럼 말갛게 피어나더라.
감히 상상할 수 없는 상황인데도
서로 아끼고 사랑하는 게,
처음으로 내가 너를 그토록 사랑하고
한 번이라도 그토록 말갛게 웃어주었을까.

별이
가을이라고 내려올 것 같은 밤

가난한 그대만으로도
희망인 사람들처럼

가을비

가을비가 하루 종일 쏟아지고
노랗게 시뻘겋게 물들어 가던 잎사귀들이
한 잎 두 잎 축축하게 젖은 채로 바닥으로 떨어져
어느 쓸쓸한 삶처럼
누구도 기억하지 않은 죽음처럼
그렇게 떨어지고도
아직도 미련이 남았는지
바람에도 비에도 묻어가지 않고 있었다.

이미 사라지고 없는 세상을
지금도 가슴 저리게 돌아보는 것처럼

행복

밤에는 밤하늘에 별을 따고 싶고
낮에는 하얀 구름을 한 수저 걷어내고 싶습니다.
그리하여 작은 솥단지에 넣고
박하사탕처럼 달달하게 볶아
오직 사랑하는 당신에게 드리고 싶습니다.
생각만 해도 입가에 웃음이 번지고
그냥 가슴이 좋아서 어쩔 줄 모르지요.
당신 생각하는 게 이토록 깊어도 될까요.

산

머릿속에 길이 너무도 많아
산으로 갔는데
산에 살던 새들은 세상으로 날아가고
산에서 고요히 흐르던 물도 또 세상으로 흘러가고
멀리서 온 바람 한 줄도 급하게 세상으로 가더라.

내가 모르는 신이 있는 것처럼

우리가 함께라면

아무리 깊게 사랑하고
당신 없이 못 살아도
삶이 고단하다 보면
사는 게 지옥일 때가 있습니다.
그래도 이겨낼 수 있지요,
그 다리 건너갈 수 있습니다.
당신 손을 잡고
조심조심 가다보면
언젠가는 해가 뜨고
고목에서 꽃이 피어나듯
우리 삶에도 꽃이 피어날 것을 믿지요.
보세요.
저 쏟아지는 햇살

얼마나 아름답고 예쁜가요.

우리가 건너고 난 다리 너머 어딘가도 있습니다.

저 햇살

가을 편지

달빛이 유난히 고운 오늘은
밤새도록 창가를 서성이더라도 좋다.

하얀 종이 위에다
노란 달빛도
하얀 억새도 꾹꾹 눌러
멀리 있는 너에게 바람으로 보낼 수 있다면

가을,

인생 어디쯤 고여 있는
너무도 순수했던 우리를 보자.

사랑은 왜 잔잔한 호수에만 살까요?

오늘은 쌀쌀한 빗방울에게 할 말이 많습니다.

허나 꾹꾹 눌러 담고 가만히 있어도 좋은 이유 하나 찾고 있지요.

가슴에 묻어 두었던 차마 하지 못한 얘기
앞으로도 할 수 없을 것 같은
단 한 번도 입 밖으로 나온 적이 없는
무겁고 낯빛이 서러운 심장

사랑은 왜 잔잔한 호수에만 살까요?

가슴에 구멍 하나 났습니다

사람이 소중하다는 말
언제나 입에 달고 살았어도
가슴으로 절절하게 느껴보지는 못했습니다.

당신이 사라지고 난 후
당신이 별이 되고 난 후

사랑합니다 2

언제나 듬직하고 책임감 강했던 당신입니다.

한 번도 흐트러지거나 무너진 모습을 보이지 않았던 당신입니다.

그런 당신이 무너지듯 내게로 오는 날
지금까지 보지 못한 흰머리가 보였습니다.
당신 이마에 주름 한 줄도 보였지요.

함께 살아간다는 것은 나누는 것입니나.
기쁨이나 슬픔까지도 나누며 사는 거지요.

제4부

그리움은 별처럼 산다

매미

기다림이 깊었다는 것을 알고부터
그리움도 깊었다는 것을 알고부터
듣고만 있어도 한없이 서럽고 애가 타는 목소리

기뻐서 네가 우는 건지
슬퍼서 네가 우는 건지

지금도 모르는 네 마음처럼

가을

그냥 두면 무성하게 자랄 너는
아무 쓸모없는 풀로만 내게로 왔다.

생각이란 놈도 풀처럼
무성하게 자라는 놈이 있었다.

뽑아야 하는 것들
버려야 하는 것들

어느 날 내 인생에도 가을이 왔다.

뽑고 버리는 게
의미가 없는 가을이 왔다.

바람

손에 닿는 바람이 그리움이다.
눈에 담기는 바람이 그리움이다.
가슴으로 담기는 바람이 그리움이다.

가을에 오는 바람은
가을에 가는 바람은
그리움이 겹겹에 베인 바람이다.

미치게 그리운 것은
모두 그 바람에만 살더라.

겨울

마음이 네게로 가는 것을
시도 때도 없이
시뻘겋게 가는 것을
네가 아닌 사람들에게 자주 들켰으나
안타깝게도 네게는 한 번도 들키지 않은 것처럼
그렇게 세월이 가버리고
너도 가버리고
사랑도 가버리고

하늘에도 꽃이 피더라

가을에는 하늘에도 꽃이 피더라.
눈부시게 아름다운 꽃이 피더라.

하루에도 몇 번씩 너를 보고
하루에도 몇 번씩 나를 보고

말갛고 아름다운 꽃잎처럼
히얗게 피어버린 네 얼굴처럼

가을에는 내게서도 피더라.
눈부신 꽃잎 하나가 너처럼 피더라.

상사화

죽도록 그를 사랑한 것도 아니고
죽도록 그가 나를 사랑한 것도 아닌데

상사화가 피는 계절
바람은 그곳에서 왔을까

기적

내가 그대를 좋아하는 것처럼
그대가 나를 좋아한다면 그것은 기적
현실에서 죽었다 깨어나도 일어날 수 없는 일

오늘처럼 비가 쏟아지는 날은
쓸쓸하게 스며드는 빛깔 하나로도 생각한다.

기적이라는
그 머나먼 역(驛)을

너를

서늘한 겨울 들녘도
앙상한 나무들도
납작 엎드린 마른 풀들도
춥고 서늘한 곳을 지나
따뜻한 바람이 불고
햇살이 화창한 봄이 온다는 것을 믿는다.

그래서 기다린다.
너를

연필 하나

용기를 내서 허물을 보이고
열등감 하나 씹으면서
가난한 엄마 얼굴
내 삶에 서럽게 묻도록 기다렸다.

달이 우는 거
가보지 못한 세계
그 아픔을
이해할 수 없는 사람에게

점 하나 찍고
가슴 하나
종이에다 길을 내자고

있지요

있지요,
나는 평수 넓은 아파트보다
가슴이 넓은 당신이 배는 더 좋습니다.
잘나가는 누구보다
마음이 따뜻한 당신이 더 좋고요.
돈 많은 지갑보다
환하게 웃어주는 당신이 더 좋습니다.

보세요.
내 심장에
보석 하나 있어요.

바로 당신이지요.

가을 편지 2

나무들이 날마다 조금씩 익어가고
하다못해 흐르는 물까지 쓸쓸해 보이는 가을입니다.

바쁘게 살아 달빛을 보지 않고
나무들이 익어 가는지도 모르는 당신에게
오늘 내 마음 가을처럼 편지를 쓰겠습니다.

사는 것이 힘들어도 보세요.
도저히 볼 수 없어도 보세요.

가을 한 잎 달빛처럼
달빛 한 잎 가을처럼 익어가는 것을

길은 모두 바람이더라

엄마 품속을 지나 순수한 별을 지나
아담한 시골길을 지나 숲속을 지나
호수를 지나 강을 지나
주택가 골목길을 지나 가로수 길을 지나
꾹꾹 눌러 박고 왔던 무수히 많은 길을 지나
솟대 같던 너를 지나
아픈 사계절을 지나
세월을 지나오면서 오직 한 가지 생각만 했다.

길은 모두 바람이더라.

그리움은 별처럼 산다

밤하늘 어디쯤 부서지는 웃음소리
별빛 어딘가에 동그랗게 고인 얼굴

창가에 앉아서도 네게로 가고
커피 한 잔에도 네게로만 가고

밤에도 익어가는 잎사귀처럼
하늘도 가을처럼 익어가는 밤

아, 귀하고 고운 인연들은
모두 밤하늘에 별처럼 달처럼 살더라.

그 남자의 손

그는 난폭하고 도저히 조정이 불가능한 손을 가지고 있었다.

그 여인의 시퍼런 멍은 그 남자의 손자국을 지녔다.

이미 세상에 서럽게 버려지고 넘어진 손이
그녀에게 올 때는 사나운 짐승 소리를 냈다.
술병이 밥상에서 부서지고
파편들이 운명처럼 심장으로 박혀
살았는지 죽었는지 의미가 없는 삶이었다.

어느 날 그녀는 텅 빈 쌀독에 숨어 있는 얼굴을 봤다.

공포에 찌든 그녀가 무릎을 세운 채 벌벌 떨고 있었다.

피가 나도록 젖을 빨던 어린 아들도 그녀처럼 떨고
하루에도 수십 번씩 무너지고 너덜너덜한 조각들이
마치 생명이라도 있는 것처럼 살고 싶다고 공격해 오고 있었다.
그녀가 만든 감옥에 창살 없는 감옥에
다리가 있어도 밖으로 나갈 수 없는 감옥에
사나운 짐승 하나
살벌하고 무서운 짐승 하나
벼락처럼 덮쳐와
그녀가 미친 사람처럼 밖으로 뛰쳐나갔다.
둥 뒤 거대한 손 그림자에 쫓겨

인적이 없는 길을 정신없이 걷다가 뛰다가 넘어
지고
아팠다, 차가운 시멘트 바닥에 대책도 없이 부딪
힌 손등이
겁먹은 아이 울음소리가
가로등 불빛에 비친 진눈깨비가 아프다고 아우성
창백한 그녀 눈에 빗물처럼 흐르는 눈물이
거짓말같이 웃고 있었다.

몰랐다.
살아 있는 것은 이렇게 아파야 한다는 것을

잊을 수 없는 것들

잊을 수 없는 것들은
모두 네게로 와서 흔들린다.

바람이 없어도 스며드는 빛깔
한 번도 가보지 않은 미지의 세계처럼
살면서 한 번은 가보고 싶었던 그곳
돌아갈 수 없는 길이어서
이미 끊어지고 없는 길이어서
내 등짝에 사는 우주처럼

잊을 수 없는 것들은
모두 네게로 와서 흔들린다.

내 심장에 사는 너

그리움이 없었다면
눈물이 아프지 않았다면
슬픔이 깊지 않았다면
그대가 저 너머 가지 않았다면
오늘 사라지고 다시 오는 게 없었다면
노란 복수초가 살얼음 깨고 피지 않았다면
가장 아름다울 때
기꺼이 내게로 와서 꽃이 되는 저 잎사귀
아, 사랑하지 않았다면
도저히 건너갈 수 없는
미치도록 아름다운 가을
오직 너를 통해서만 들여다봤다

내 심장에 사는 너

그리움의 크기

이미 오래전에 잊었습니다.
얼굴도 목소리도 기억에 없는 사람이지요.
그런 사람이 가끔씩
거짓말같이 문득 문득
아련한 빛깔로 치밀어 올라
가슴이 저리기도 하고
어디선가 당장이라도
튀어 나올 것 같기도 합니다.

인연이란 것이 생각처럼
복잡하게 오는 것도 아니고
새털처럼 가볍기도 하다는 사실
그때는 까마득히 몰랐습니다.

인생 나이가 깊어서야 제대로 알았지요.

사랑했던 사람이나
미워했던 사람이나
그냥 스쳐갔던 사람이나
하다못해 아른 아침 물안개까지도
먼 훗날 그리움의 크기는 비슷하다는 것을

사랑하며 살아야겠습니다.
이름 없는 풀잎 하나라도

133

나무

당신이 그곳에 있어도 나는 당신 가지였습니다.
언제나 막 뻗어가는 새 가지처럼
늘 바라만 봐야 하는 당신 가지였습니다.
그 많고 많은 가지 중에 하필이면 나는 고약한 가지였습니다.
바람이 불 때마다 당신에게 향하는 성질 더러운 가지였습니다.
그럴 때마다 당신 눈물을 등지고
가슴에다 아픔이란 것을 저금하고도
그때는 그게 어떤 아픔인지 상상도 하지 못했습니다.
어리석게도 착각을 하고 살았습니다.
당신이 언제나 그 자리에 그대로 있을 거란 착각

오늘이 가고 내일이 오고 있는데도 모르고 살았습니다.

당신이 얼마나 소중하고 좋은 나무인지를
그때는 전혀 모르다가 내가 가지를 키우고서야
나를 닮은 가지가 자라고 있는 것을,
뼛속까지 스며드는 이름을
두 번 다시 만져볼 수 없는 얼굴이
슬픔으로 일그러지는 내 가슴에 가득 차는 것을

가슴으로 하는 사랑

가슴으로 사랑하는 사람은 말이 없습니다.
가슴으로 사랑하는 사람은 요란하지 않습니다.

가슴으로 사랑하는 사람은
언제나 나보다 당신이지요.
가슴으로 사랑하는 사람은
그래서 시공을 초월하여 살아남습니다.

그런 사랑을 받는 것도
그런 사랑을 주는 것도
어느 쪽이나 아픔이 깃든 행복이지요.

시

당신을 보내고
오랫동안
세상이 멈춘 것처럼 머릿속이 하얗고
무슨 말을 해야 할지 몰라
눈물로 말하던 시절

사람이 그리워서 운다는 거
가슴이 너무 아파서 운다는 거
저 별이, 별이 아니라서 운다는 것을 알았을 때
그 어디에도 당신에게 가는 길은 없었다.

그때서부터
나의 방황은 시작되었다.

이 도서의 국립중앙도서관 출판시도서목록(CIP)은 서지정보유통지원시스템 홈페이지(http://seoji.nl.go.kr)와 국가자료공동목록시스템(http://www.nl.go.kr/kolisnet)에서 이용하실 수 있습니다.(CIP제어번호: CIP2015030083)

그리운 사람은
별처럼 산다

초판 1쇄 인쇄 2015년 11월 11일
초판 1쇄 발행 2015년 11월 20일
지은이 주일례
펴낸이 고영
책임편집 이현호
디자인 헤이존
펴낸곳 문학의전당
출판등록 제311-2012-000043호
주소 서울시 은평구 연서로11길 7-5 401호
편집실 서울시 마포구 마포대로 127, 413호(공덕동, 풍림VIP빌딩)
전화 02-852-1977
팩스 02-852-1978
블로그 http://blog.naver.com/mhjd2003
전자우편 sbpoem@naver.com

ISBN 979-11-5896-010-0 03810